West Chicago Public Library District
118 West Washington
West Chicago, IL 60185-2803
Phone # (630) 231-1552
Fax # (630) 231-1709

En la cancha

LAS RÉGLAS DEL FÚTBOL

MEGAN COOLEY PETERSON

BLACK
RABBIT
BOOKS

Bolt es una publicación de Black Rabbit Books
P.O. Box 3263, Mankato, Minnesota, 56002.
www.blackrabbitbooks.com
Copyright © 2018 Black Rabbit Books

Marysa Storm, editora; Michael Sellner,
diseñadora; Omay Ayres, investigación fotográfica
Traducción de Victory Productions, www.victoryprd.com

Información del Catálogo de publicaciones de la Biblioteca del Congreso
Names: Peterson, Megan Cooley, author.
Title: Las reglas del fútbol / por Megan Cooley Peterson.
Other titles: Football Rules! Spanish
Description: Mankato, Minn. : Black Rabbit Books, 2018. | Series: Bolt. En la cancha | Includes bibliographical references and index. | Audience: Age 9-12. | Audience: Grade 4 to 6.
Identifiers: LCCN 2017006376 | ISBN 9781680725674 (library binding)
Subjects: LCSH: Soccer--Rules--Juvenile literature. |
Soccer--History--Juvenile literature.
Classification: LCC GV943.4 P47718 2018 | DDC 796.33402/022--dc23
LC record available at https://lccn.loc.gov/2017006376

Impreso en los Estados Unidos de América. 5/18

Créditos de las imágenes
Alamy: bilwissedition Ltd. & Co. KG, 10; Chronicle, 7 (página completa); epa european pressphoto agency b.v., 22–23 (encabezado); Martin Rickett, 18; will benson / MARKA, 22; AP Images: Mo Khursheed, 25; Nick Wass, 19; Corbis: Steven Kingsman/Icon Sportswire, 1, Contraportada; Getty Images: Bob Thomas/Popperfoto, 28; Laurence Griffiths, 15; Maddie Meyer – FIFA/FIFA, Portada; Miguel Tovar/LatinContent, 20; Shutterstock: EFKS, 22–23 (estadio); gladcov, 16 (banderín y balón); Krivosheev Vitaly, 3; Maxisport, 23; My Life Graphic, 26–27; Natursports, 4–5; phoelixDE, 12–13; SSSCCC, 31; Vectomart, 6, 8 (balones de fútbol), 9 (todas), 24, 32; USA Today Sports: Matt Kryger, 16; Richard Barnes, 11; Wikipedia Commons: Desconocido, 7 (pequeña), 8

Se ha hecho todo esfuerzo posible para establecer contacto con los titulares de los derechos de autor del material reproducido en este libro.Cualquier omisión será rectificada en impresiones posteriores previo aviso a la editorial.

Contenido

CAPÍTULO 1

El juego global

El fútbol es el deporte más popular del mundo. Pero ver un partido puede ser confuso. Aprende acerca de las reglas, las posiciones y las jugadas del fútbol. Luego, disfruta del partido con conocimiento futbolístico.

En Estados Unidos el fútbol recibe el nombre de *soccer*.

La historia del fútbol

En la **Edad Media**, el fútbol era un juego salvaje. En Inglaterra, las multitudes jugaban en las calles. No había reglas. Los jugadores con frecuencia se lastimaban.

Nadie está seguro de dónde o cuándo empezó el fútbol. Cerca del 400 a. de C., las personas en China jugaban Tsu Chu. Los jugadores trataban de mover una pelota a través de porterías de bambú. Este pudo haber sido el inicio del fútbol.

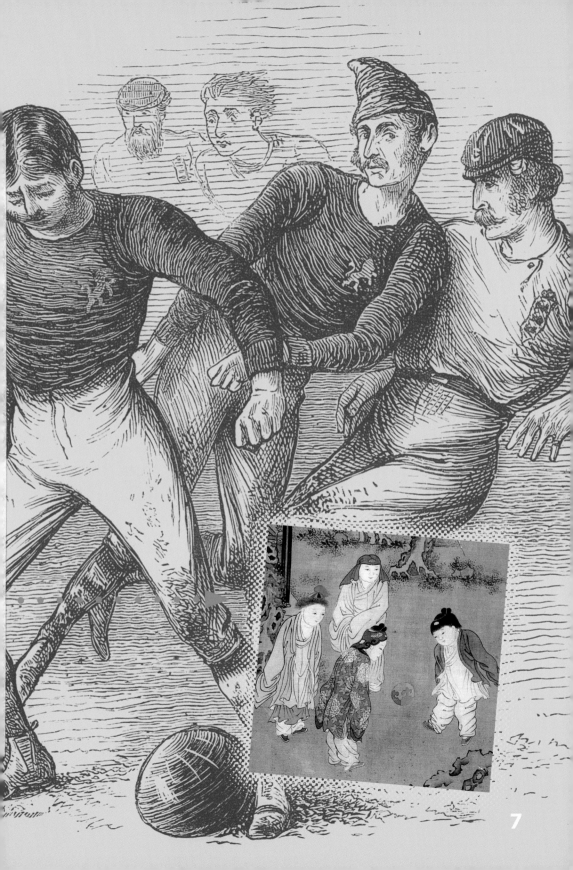

Línea cronológica de la historia del fútbol

1863
Se forma la FA. Este grupo organiza el fútbol de Inglaterra.

1872
Se juega en Londres la primera Copa Final de la FA.

Comienzan a organizarse

En 1863 se reunieron los jugadores de
12 clubes de Londres. Ellos formaron
la Asociación de Fútbol (FA, por sus
siglas en inglés). Así nació el fútbol
moderno.

1877
Se establece la
duración de un
partido en 90
minutos.

1885
Se juega
el primer partido
internacional fuera
de Gran Bretaña.

1904
Se forma la Federación
Internacional de Fútbol
Asociación (FIFA).
La FIFA organiza
el fútbol a nivel mundial.

CAPÍTULO 2

Las

Los jugadores de fútbol masculino y femenino siguen las mismas reglas. Cada equipo tiene 11 jugadores. Todos tratan de anotar goles. Los jugadores tienen que pasar el balón entre los postes de meta y debajo del **travesaño**. Gana el equipo que tenga más goles.

vejiga
inflada
con aire

PESO
14 a 16 ONZAS
(397 a 454 GRAMOS)

CIRCUNFERENCIA
27 a 28 PULGADAS
(69 to 71 centimetros)

TRAVESAÑO

POSTE DE META

11

La cancha de fútbol

Un campo de fútbol se llama con frecuencia cancha o terreno de juego.

LÍNEA DE META

ÁREA DE META

ÁREA PENAL

65 a 100
YARDAS
(59 a 91 metros)

ANCHO

LÍNEA DE BANDA

LÍNEA DE BANDA

ÁREA DE ESQUINA · · · ·

LÍNEA MEDIA

PUNTO CENTRAL

CÍRCULO CENTRAL

ÁREA PENAL

ÁREA DE META

LÍNEA DE META

100 a 130
YARDAS
(91 a 119 metros)

LONGITUD

El control del juego

Los árbitros controlan el juego.
Ellos deciden los tiros **penales**. Los
jugadores no pueden hacer caer a otros
jugadores y no pueden bloquearlos
con el cuerpo. Los árbitros señalan una
falta si los jugadores actúan mal.

Los árbitros
usaron silbatos
por primera
vez en 1878.

TARJETAS y BANDERINES
de los árbitros

TARJETA AMARILLA

la tarjeta amarilla significa que un jugador está en peligro de ser expulsado del partido

TARJETA ROJA

la tarjeta roja significa que el jugador está expulsado

el banderín de fuera de juego significa que hay un tiro libre indirecto

Posición fuera de juego

La regla de la posición fuera de juego es importante. Esta regla evita los goles fáciles. Un jugador no puede quedarse parado cerca de la meta durante todo el partido.

La regla dice que un **defensor** debe estar entre un jugador **atacante** y la meta. Imagina que un jugador está más cerca de la meta que los defensores. Luego otro jugador le pasa el balón. Eso es una posición adelantada o fuera de juego.

¡Mira, sin manos!

Los guardametas, o porteros, pueden tocar el balón con cualquier parte del cuerpo. Incluso pueden usar las manos. Si cualquier otro jugador usa las manos, es una falta intencional. Una falta intencional le da al equipo contrario un **tiro libre directo.**

Los guardametas pueden sostener el balón hasta por seis segundos.

Ellos deben estar dentro de su propia área de penal.

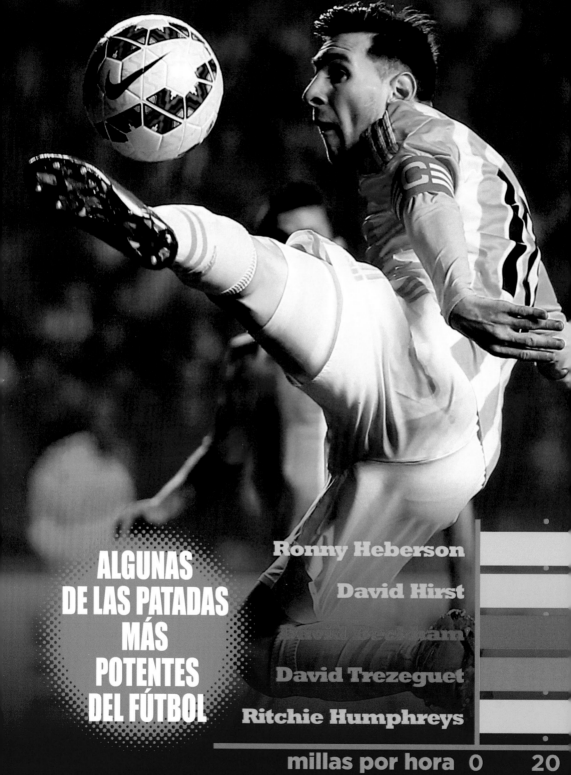

ALGUNAS
DE LAS PATADAS
MÁS
POTENTES
DEL FÚTBOL

Ronny Heberson

David Hirst

David Beckham

David Trezeguet

Ritchie Humphreys

millas por hora 0   20

CAPÍTULO 3

Las jugadas

Los jugadores impresionan a los aficionados con sus sofisticados movimientos de piernas. Los jugadores pueden hacer un **globito** con el balón. También pueden patearlo con tanta fuerza como sea posible. Las patadas potentes son emocionantes.

131 millas (211 kilómetros) por hora

114 millas (183 Km) por hora

97.9 millas (158 Km) por hora

96 millas (154 Km) por hora

95.9 millas (154 Km) por hora

40   60   80   100   120   140

patadas cortas y suaves para mantener el control del balón

Regate

Cabeceo

golpear el balón con el centro de la frente

detener el balón con el pecho

Toque de pecho

CAPÍTULO 4

Las  posiciones

de los jugadores

Los futbolistas realizan jugadas y **salvadas** atrevidas. Cada posición es importante.

Los delanteros son los que juegan más cerca de la portería del otro equipo. Ellos tratan de anotar. Los centrocampistas suelen jugar en la mitad del campo. Ellos les pasan el balón a los delanteros. También tratan de anotar.

A los delanteros también les dicen artilleros.

Alineaciones
en el fútbol

Cada jugador cubre una parte diferente del terreno de juego. Este es un ejemplo de una alineación.

centro
delantero

mediocampo
central

mediocampo
lateral
izquierdo

mediocampo
lateral
derecho

defensor lateral
derecho

guardameta

defensor
central

defensor
lateral
izquierdo

Los defensores

Los defensores mantienen el balón alejado de la portería de su equipo. Ellos les quitan el balón a los jugadores que tratan de anotar. El portero es la última línea de defensa de un equipo.

Un juego salvaje de Inglaterra se ha convertido en un deporte global. Desde los guardametas hasta los artilleros, ¡a los aficionados les encanta este deporte!

atacante relativo al intento de anotar un gol en un partido

defensor —jugador que trata de impedir que el otro equipo marque goles

Edad Media —relativo al período histórico entre el siglo V y el siglo XV

falta —realizar una acción que va en contra de las reglas

globito —anzar o golpear algo hacia arriba en una curva alta

penal castigo por romper las reglas; también llamado penalti

salvada —jugada que impide que alguien marque un gol

tiro libre directo — lanzamiento que se hace después de un penal

travesaño —barra horizontal que conecta por arriba los dos postes de la portería

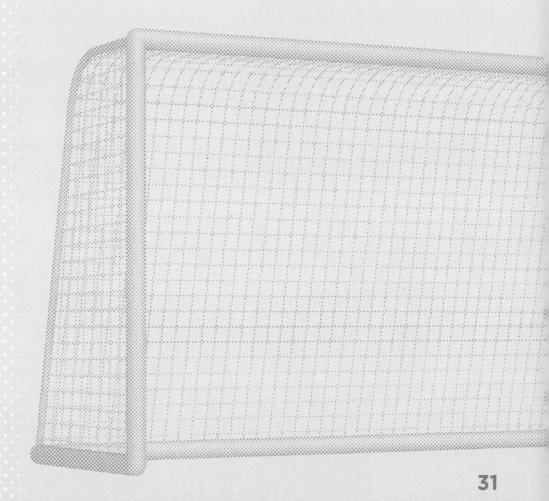